中国房地产估价师与房地产经纪人学会
地址：北京市海淀区首体南路 9 号主语国际 7 号楼 11 层
邮编：100048
电话：(010) 88083151
传真：(010) 88083156
网址：http://www.cirea.org.cn
　　　http://www.agents.org.cn

全国房地产经纪人协理职业资格考试用书

全国房地产经纪人协理职业资格考试大纲

(2020)

中国房地产估价师与房地产经纪人学会 编制

中华人民共和国人力资源和社会保障部
中华人民共和国住房和城乡建设部 审定

中国建筑工业出版社

图书在版编目（CIP）数据

全国房地产经纪人协理职业资格考试大纲.2020/中国房地产估价师与房地产经纪人学会编制. —北京：中国建筑工业出版社，2020.1
全国房地产经纪人协理职业资格考试用书
ISBN 978-7-112-17659-5

Ⅰ.①全… Ⅱ.①中… Ⅲ.①房地产业-经纪人-中国-资格考试-考试大纲 Ⅳ.①F299.233.55-41

中国版本图书馆 CIP 数据核字（2019）第 269333 号

本大纲设置"房地产经纪综合能力"和"房地产经纪操作实务"两个考试科目，其中"房地产经纪综合能力"科目包括房地产和建筑概述、房地产经纪行业、房地产经纪管理、房屋租赁、房屋买卖、个人住房贷款、不动产登记七个部分的内容；"房地产经纪操作实务"科目包括房地产经纪业务类型及流程、房地产交易信息搜集与运用、房地产经纪服务合同签订、房屋实地查看、房地产交易合同代拟、房地产交易资金结算、房屋查验与交接、房地产经纪业务风险防范八个部分的内容。

责任编辑：向建国 封 毅 周方圆
责任校对：赵听雨

全国房地产经纪人协理职业资格考试用书
全国房地产经纪人协理职业资格考试大纲
（2020）
中国房地产估价师与房地产经纪人学会 编制
中华人民共和国人力资源和社会保障部
中华人民共和国住房和城乡建设部 审定

*

中国建筑工业出版社出版、发行（北京海淀三里河路9号）
各地新华书店、建筑书店经销
北京红光制版公司制版
天津翔远印刷有限公司印刷

*

开本：850×1168毫米 1/32 印张：1 字数：20千字
2020年1月第一版 2020年1月第一次印刷
定价：**7.00**元
ISBN 978-7-112-17659-5
（35110）

版权所有 翻印必究
如有印装质量问题，可寄本社退换
（邮政编码 100037）

说 明

根据住房城乡建设部、国家发展改革委、人力资源社会保障部联合发布的《房地产经纪管理办法》(第8号令)和人力资源社会保障部、住房城乡建设部《关于印发〈房地产经纪专业人员职业资格制度暂行规定〉和〈房地产经纪专业人员职业资格考试实施办法〉的通知》(人社部发〔2015〕47号),中国房地产估价师与房地产经纪人学会编制了《全国房地产经纪人协理职业资格考试大纲(2020)》,并经人力资源社会保障部、住房城乡建设部审定通过。

按照《房地产经纪管理办法》和《房地产经纪人员职业资格制度暂行规定》要求,人力资源社会保障部、住房城乡建设部共同负责房地产经纪人协理职业资格制度的政策制定,并按职责分工对房地产经纪人协理职业资格制度的实施进行指导、监督和检查。中国房地产估价师与房地产经纪人学会具体承担房地产经纪人协理职业资格的评价与管理工作。房地产经纪人协理职业资格实行全国统一大纲、统一命题、统一组织的考试制度。原则上每年举行一次考试。

本大纲以社会主义市场经济理论为指导,从房地产经纪人协理岗位职责和房地产经纪业务实际操作出发,主要考核房地产经纪人协理职业资格考试的应试人员运用房地产经纪专业知识开展房地产经纪业务的职业能力。

本大纲设置"房地产经纪综合能力"和"房地产经纪操作实务"两个考试科目。其中"房地产经纪综合能力"科目包括房地产经纪概述，房地产和建筑，房地产交易法律基础，房屋租赁，房屋买卖，个人住房贷款，土地和房屋登记七个部分的内容；"房地产经纪操作实务"科目包括房地产经纪业务类型及流程，房地产交易信息搜集、管理与利用，房地产经纪服务合同签订，房屋实地查看，房地产交易合同代拟，房地产交易资金结算，房屋交验与经纪延伸业务、房地产经纪服务礼仪八个部分的内容。

目 录

人力资源社会保障部　住房城乡建设部　关于印发《房地产经纪专业人员职业资格制度暂行规定》和《房地产经纪专业人员职业资格考试实施办法》的通知 ……………… 1

第一科目　房地产经纪综合能力 …………………… 12
 考试目的 …………………………………………… 12
 考试内容 …………………………………………… 12
 一、房地产经纪概述 ……………………………… 12
 二、房地产和建筑 ………………………………… 13
 三、房地产交易法律基础 ………………………… 13
 四、房屋租赁 ……………………………………… 14
 五、房屋买卖 ……………………………………… 15
 六、个人住房贷款 ………………………………… 15
 七、土地和房屋登记 ……………………………… 16

第二科目　房地产经纪操作实务 …………………… 17
 考试目的 …………………………………………… 17
 考试内容 …………………………………………… 17
 一、房地产经纪业务类型及流程 ………………… 17
 二、房地产交易信息搜集、管理与利用 ………… 17
 三、房地产经纪服务合同签订 …………………… 18
 四、房屋实地查看 ………………………………… 19
 五、房地产交易合同代拟 ………………………… 19

六、房地产交易资金结算 …………………………………… 20
七、房屋交验与经纪延伸服务 ……………………………… 20
八、房地产经纪服务礼仪 …………………………………… 21
考试使用的题型 ………………………………………………… 22

人力资源社会保障部　住房城乡建设部关于印发《房地产经纪专业人员职业资格制度暂行规定》和《房地产经纪专业人员职业资格考试实施办法》的通知

人社部发〔2015〕47号

各省、自治区、直辖市及新疆生产建设兵团人力资源社会保障厅（局）、住房城乡建设厅（局、房地局、建委），国务院各部委、各直属机构人事部门，中央管理的企业：

根据《国务院机构改革和职能转变方案》和《国务院关于取消和调整一批行政审批项目等事项的决定》（国发〔2014〕27号）有关取消"房地产经纪人职业资格许可"的要求，为加强房地产经纪专业人员队伍建设，适应房地产经纪行业发展，规范房地产经纪市场，在总结原房地产经纪人员职业资格制度实施情况的基础上，人力资源社会保障部、住房城乡建设部制定了《房地产经纪专业人员职业资格制度暂行规定》和《房地产经纪专业人员职业资格考试实施办法》，现印发给你们，请遵照执行。

自本通知发布之日起，原人事部、原建设部发布的

《关于印发〈房地产经纪人员职业资格制度暂行规定〉和〈房地产经纪人执业资格考试实施办法〉的通知》（人发〔2001〕128号）同时废止。

人力资源社会保障部
住房城乡建设部
2015年6月25日

房地产经纪专业人员职业资格制度暂行规定

第一章 总 则

第一条 为加强房地产经纪专业人员队伍建设，提高房地产经纪专业人员素质，规范房地产经纪活动秩序，根据《中华人民共和国城市房地产管理法》、《国务院机构改革和职能转变方案》和国家职业资格证书制度有关规定，制定本规定。

第二条 本规定适用于在房地产交易活动中，为促成房地产公平交易，从事存量房和新建商品房居间、代理等房地产经纪活动的专业人员。

第三条 国家设立房地产经纪专业人员水平评价类职业资格制度，面向全社会提供房地产经纪专业人员能力水平评价服务，纳入全国专业技术人员职业资格证书制度统一规划。

第四条 房地产经纪专业人员职业资格分为房地产经纪人协理、房地产经纪人和高级房地产经纪人3个级别。房地产经纪人协理和房地产经纪人职业资格实行统一考试的评价方式。高级房地产经纪人职业资格评价的具体办法另行规定。

房地产经纪专业人员英文为：Real Estate Agent Professionals。

第五条 通过房地产经纪人协理、房地产经纪人职业资格考试，取得相应级别职业资格证书的人员，表明其已具备从事房地产经纪专业相应级别专业岗位工作的职业能力和水平。

第六条 人力资源社会保障部、住房城乡建设部共同负责房地产经纪专业人员职业资格制度的政策制定，并按职责分工对房地产经纪专业人员职业资格制度的实施进行指导、监督和检查。中国房地产估价师与房地产经纪人学会具体承担房地产经纪专业人员职业资格的评价与管理工作。

第二章 考 试

第七条 房地产经纪人协理、房地产经纪人职业资格实行全国统一大纲、统一命题、统一组织的考试制度。原则上每年举行1次考试。

第八条 中国房地产估价师与房地产经纪人学会负责房地产经纪专业人员职业资格评价的管理和实施工作，组织成立考试专家委员会，研究拟定考试科目、考试大纲、考试试题和考试合格标准。

第九条 人力资源社会保障部、住房城乡建设部指导中国房地产估价师与房地产经纪人学会确定房地产经纪人协理、房地产经纪人职业资格考试科目、考试大纲、考试试题和考试合格标准，并对其实施房地产经纪人协理、房地产经纪人职业资格考试工作进行监督、检查。

第十条 申请参加房地产经纪专业人员职业资格考试应当具备的基本条件：

（一）遵守国家法律、法规和行业标准与规范；

（二）秉承诚信、公平、公正的基本原则；

（三）恪守职业道德。

第十一条 申请参加房地产经纪人协理职业资格考试的人员，除具备本规定第十条的基本条件外，还必须具备中专或者高中及以上学历。

第十二条 申请参加房地产经纪人职业资格考试的人员，除具备本规定第十条的基本条件外，还必须符合下列条件之一：

（一）通过考试取得房地产经纪人协理职业资格证书后，从事房地产经纪业务工作满6年；

（二）取得大专学历，工作满6年，其中从事房地产经纪业务工作满3年；

（三）取得大学本科学历，工作满4年，其中从事房地产经纪业务工作满2年；

（四）取得双学士学位或研究生班毕业，工作满3年，其中从事房地产经纪业务工作满1年；

（五）取得硕士学历（学位），工作满2年，其中从事房地产经纪业务工作满1年；

（六）取得博士学历（学位）。

第十三条 房地产经纪人协理、房地产经纪人职业资格考试合格，由中国房地产估价师与房地产经纪人学会颁发人力资源社会保障部、住房城乡建设部监制，中国房地产估价师与房地产经纪人学会用印的相应级别《中华人民共和国房地产经纪专业人员职业资格证书》（以下简称房地产经纪专业人员资格证书）。该证书在全国范围有效。

第十四条 对以不正当手段取得房地产经纪专业人员

资格证书的,按照国家专业技术人员资格考试违纪违规行为处理规定处理。

第三章 职 业 能 力

第十五条 取得相应级别房地产经纪专业人员资格证书的人员,应当遵守国家法律、法规及房地产经纪行业相关制度规则,坚持诚信、公平、公正的原则,保守商业秘密,保障委托人合法权益,恪守职业道德。

第十六条 取得房地产经纪人协理职业资格证书的人员应当具备的职业能力:

(一)了解房地产经纪行业的法律法规和管理规定;

(二)基本掌握房地产交易流程,具有一定的房地产交易运作能力;

(三)独立完成房地产经纪业务的一般性工作;

(四)在房地产经纪人的指导下,完成较复杂的房地产经纪业务。

第十七条 取得房地产经纪人职业资格证书的人员应当具备的职业能力:

(一)熟悉房地产经纪行业的法律法规和管理规定;

(二)熟悉房地产交易流程,能完成较为复杂的房地产经纪工作,处理解决房地产经纪业务的疑难问题;

(三)运用丰富的房地产经纪实践经验,分析判断房地产经纪市场的发展趋势,开拓创新房地产经纪业务;

(四)指导房地产经纪人协理和协助高级房地产经纪人工作。

第十八条 取得相应级别房地产经纪专业人员资格证

书的人员，应当按照国家专业技术人员继续教育及房地产经纪行业管理的有关规定，参加继续教育，不断更新专业知识，提高职业素质和业务能力。

第四章 登 记

第十九条 房地产经纪专业人员资格证书实行登记服务制度。登记服务的具体工作由中国房地产估价师与房地产经纪人学会负责。

第二十条 中国房地产估价师与房地产经纪人学会定期向社会公布房地产经纪专业人员资格证书的登记情况，建立持证人员的诚信档案，并为用人单位提供取得房地产经纪专业人员资格证书的信息查询服务。

第二十一条 取得房地产经纪专业人员资格证书的人员，应当自觉接受中国房地产估价师与房地产经纪人学会的管理和社会公众的监督。其在工作中违反相关法律、法规、规章或者职业道德，造成不良影响的，由中国房地产估价师与房地产经纪人学会取消登记，并收回其职业资格证书。

第二十二条 房地产经纪专业人员登记服务机构在登记服务工作中，应当严格遵守国家和本行业的各项管理规定以及学会章程。

第五章 附 则

第二十三条 通过考试取得相应级别房地产经纪专业人员资格证书，且符合《经济专业人员职务试行条例》中助理经济师、经济师任职条件的人员，用人单位可根据工作需要聘任相应级别经济专业职务。

第二十四条　本规定施行前，依据原人事部、原建设部印发的《〈房地产经纪人员职业资格制度暂行规定〉和〈房地产经纪人执业资格考试实施办法〉》（人发〔2001〕128号）要求，通过考试取得的房地产经纪人执业资格证书，与按照本规定要求取得的房地产经纪人职业资格证书效用等同。通过考试取得房地产经纪人协理资格证书效用不变。

第二十五条　本规定自2015年7月1日起施行。

房地产经纪专业人员职业资格考试实施办法

第一条 人力资源社会保障部、住房城乡建设部按职责分工负责指导、监督和检查房地产经纪专业人员职业资格考试的实施工作。

第二条 中国房地产估价师与房地产经纪人学会具体负责房地产经纪专业人员职业资格考试的实施工作。

第三条 房地产经纪人协理职业资格考试设《房地产经纪综合能力》和《房地产经纪操作实务》2个科目。考试分2个半天进行,每个科目的考试时间均为2.5小时。

房地产经纪人职业资格考试设《房地产交易制度政策》、《房地产经纪职业导论》、《房地产经纪专业基础》和《房地产经纪业务操作》4个科目。考试分4个半天进行,每个科目的考试时间均为2.5小时。

第四条 房地产经纪专业人员职业资格各科目考试成绩实行滚动管理的办法。在规定的期限内参加应试科目考试并合格,方可获得相应级别房地产经纪专业人员职业资格证书。

参加房地产经纪人协理职业资格考试的人员,必须在连续的2个考试年度内通过全部(2个)科目的考试;参加房地产经纪人职业资格考试的人员,必须在连续的4个考试年度内通过全部(4个)科目的考试。

第五条 符合《房地产经纪专业人员职业资格制度暂

行规定》（以下简称《暂行规定》）第十条的基本条件和相应级别报名条件之一的，均可申请参加相应级别考试。

第六条 符合《暂行规定》相应级别考试报名条件之一的，并具备下列一项条件的，可免予参加房地产经纪专业人员职业资格部分科目的考试：

（一）通过全国统一考试，取得经济专业技术资格"房地产经济"专业初级资格证书的人员，可免试房地产经纪人协理职业资格《房地产经纪综合能力》科目，只参加《房地产经纪操作实务》1个科目的考试；

（二）按照原《〈房地产经纪人员职业资格制度暂行规定〉和〈房地产经纪人执业资格考试实施办法〉》（人发〔2001〕128号）要求，通过考试取得房地产经纪人协理资格证书的人员，可免试房地产经纪人协理职业资格《房地产经纪操作实务》科目，只参加《房地产经纪综合能力》1个科目的考试；

（三）通过全国统一考试，取得房地产估价师资格证书的人员；通过全国统一考试，取得经济专业技术资格"房地产经济"专业中级资格证书的人员；或者按照国家统一规定评聘高级经济师职务的人员，可免试房地产经纪人职业资格《房地产交易制度政策》1个科目，只参加《房地产经纪职业导论》、《房地产经纪专业基础》和《房地产经纪业务操作》3个科目的考试。

参加1个或3个科目考试的人员，须在1个或连续的3个考试年度内通过应试科目的考试，方可获得房地产经纪专业人员职业资格证书。

免试部分科目的人员在报名时，应当提供相应证明文件。

第七条 参加考试由本人提出申请，按有关规定办理报名手续。考试实施机构按照规定的程序和报名条件审核合格后，核发准考证。参加考试人员凭准考证和有效证件在指定的日期、时间和地点参加考试。

中央和国务院各部门及所属单位、中央管理企业的人员按属地原则报名参加考试。

第八条 考点原则上设在直辖市和省会城市的大、中专院校或者高考定点学校。如确需在其他城市设置考点，须经中国房地产估价师与房地产经纪人学会批准。考试日期原则上为每年的第三季度。

第九条 坚持考试与培训分开的原则。凡参与考试工作（包括命题、审题与组织管理等）的人员，不得参加考试，也不得参加或者举办与考试内容相关的培训工作。应考人员参加培训坚持自愿原则。

第十条 考试实施机构及其工作人员，应当严格执行国家人事考试工作人员纪律规定和考试工作的各项规章制度，遵守考试工作纪律，切实做好从考试试题的命制到使用等各环节的安全保密工作，严防泄密。

第十一条 对违反考试工作纪律和有关规定的人员，按照国家专业技术人员资格考试违纪违规行为处理规定处理。

第一科目　房地产经纪综合能力

考试目的

测查应试人员对房地产经纪行业、房地产经纪管理的了解和认识程度，以及运用有关法律法规和房地产专业知识提供房屋租赁、房屋买卖、个人住房贷款及以土地和房屋登记等服务的能力。

考试内容

一、房地产经纪概述

1. 认识房地产经纪的必要性和重要作用，了解房地产经纪的特性和分类。

2. 通过对房地产经纪行业的发展历程、趋势和前景的了解，认识房地产经纪行业在房地产业和现代服务业中的重要地位，认同房地产经纪职业和行业。根据房地产经纪行业管理的有关规定，接受建设（房地产）主管部门、价格主管部门、人力资源社会保障主管部门等部门的行政监管，接受房地产经纪行业组织的自律管理。

3. 根据《公司法》《城市房地产管理法》《房地产经纪管理办法》《商品房销售明码标价规定》等有关法律法规，

了解房地产经纪机构及其分类，掌握房地产经纪机构的设立和备案，以及在经营场所醒目位置公示应当公示的经营信息。

4. 根据房地产经纪专业人员职业资格制度的规定，分清房地产经纪专业人员职业资格的级别，了解房地产经纪专业人员职业资格考试、登记和继续教育等要求。根据《房地产经纪管理办法》《房地产经纪执业规则》等规定，明确房地产经纪人协理的工作职责；运用房地产经纪人协理的职业技能，协助房地产经纪人开展房地产经纪工作。恪守职业道德，规范执业，依法收费，不从事房地产经纪的各种禁止行为，并积极防范房地产经纪业务中可能出现的风险。

二、房地产和建筑

1. 认识房地产和建筑物，了解房地产的特性和种类。
2. 分清房屋建筑的分类和组成，认识各类房地产图的基本内容，为当事人买卖、租赁房屋，提供专业意见和建议。
3. 分清各种房地产面积及其内涵，运用房地产面积计算规则，计算房地产面积。
4. 认识房屋各类设施设备，了解其分类和基本功能，为当事人买卖、租赁房屋，提供专业意见和建议。

三、房地产交易法律基础

1. 根据《民法总则》的有关规定，掌握民事主体从事民事活动应当遵循的基本原则，了解民事法律关系、民事法律事实和民事法律行为，认识房地产经纪服务法律行为，熟悉民事责任和诉讼时效；在房地产经纪活动中，根据委托、代理与居间不同性质的服务，开展业务。

2. 根据《民法总则》《合同法》等法律法规的有关规定，运用合同订立、履行等规则，避免产生违约责任，妥善防范、解决房地产经纪服务中的合同纠纷。

3. 根据《民法总则》《物权法》等法律法规的有关规定，了解不动产物权的效力、种类，认识物权变动的原则、物权的取得和消灭以及不动产物权的生效时间。

4. 根据《民法总则》《婚姻法》《继承法》等法律法规的有关规定，认识婚姻家庭中的房屋财产关系和夫妻债务关系，了解继承房屋的物权取得。

四、房屋租赁

1. 认识各类房屋租赁市场的特点，根据《城市房地产管理法》《商品房屋租赁管理办法》等法律法规的有关规定，熟练使用房屋租赁合同，掌握房屋出租、转租的条件和租赁流程，识别依法不得出租的各种房屋，了解房屋租赁的各种禁止行为和处理房屋租赁纠纷的有关规定，提供房屋租赁服务。

2. 分析房地产市场供求、房屋基本状况、租金内涵、租金支付方式、租期长短、季节等因素对房屋租金的影响，提供房屋租赁价格咨询和建议。

3. 根据房屋租赁环节税费的有关规定，提供如增值税、城市维护建设税、教育费附加、房产税、城镇土地使用税、所得税、印花税等房屋租赁涉及的纳税咨询服务。计算房屋租赁的税费，以及房屋租赁经纪服务佣金的收取等。

五、房屋买卖

1. 认识房屋买卖市场类型和特点，了解房屋买卖市场的参与者。

2. 根据《民法总则》《物权法》《城市房地产管理法》《土地管理法》《城市房地产开发经营管理条例》《商品房销售管理办法》《城市商品房预售管理办法》等有关法律法规关于新建商品房、存量房转让或买卖的规定，熟悉房屋转让条件、买卖主体资格和买卖流程，识别依法不得买卖的各种房屋，了解房屋买卖的各种禁止行为，提供房屋买卖服务。

3. 根据房地产市场供求、房屋基本状况（区位、面积、用途、户型、楼层、朝向、房屋类型、设施设备、装饰装修、建成年份或者新旧程度、社区环境、权利性质等）、价格内涵、价款支付方式等影响房地产价格的主要因素以及投资回报率等，提供房屋买卖价格咨询和建议。

4. 根据房屋买卖环节税费的规定，提供如增值税、城市维护建设税、教育费附加、土地增值税、所得税、契税、印花税等新建商品房与存量房买卖涉及的纳税咨询；以及了解买卖环节中涉及费用的种类，如房地产经纪服务佣金、住宅专项维修资金、不动产登记费、评估费、担保费、公证费等，对交纳主体提供收取标准等的咨询服务。计算房屋买卖的税费，以及房屋买卖经纪服务佣金的收取等。

六、个人住房贷款

1. 根据不同种类个人住房贷款对借款人的资格和条

件、贷款程序等相关规定，提供个人住房贷款咨询服务。应掌握不同类型个人住房贷款的申请条件，贷款额度及首付款要求、贷款利率和期限等内容。

2. 根据个人住房贷款申请人的条件，计算首付款比例和贷款额度；根据个人住房贷款的还款方式（等额本息、等额本金等）、贷款期限和贷款利率等条件，计算还款额等。

3. 根据《物权法》《担保法》《城市房地产管理法》《城市房地产抵押管理办法》等法律法规的有关规定，了解个人住房贷款担保的方式，熟悉房地产抵押权的含义、房地产抵押的主要类型及一般规定，识别依法不得抵押的各种房地产，了解个人住房抵押贷款担保。

七、土地和房屋登记

1. 根据《物权法》《不动产登记暂行条例》等法律法规的有关规定，了解不动产登记的范围、登记机构、登记类型和登记程序。理解不同业务类型的不动产登记的区别。

2. 根据土地和房屋登记的要求，提供集体土地所有权、国有建设用地使用权和房屋所有权登记、土地和房屋抵押权登记、在建建筑物抵押权登记、预购商品房预告登记等的申请要求与材料。计算不动产登记应缴纳的费用。

3. 了解土地和房屋登记信息的获取渠道，识别房屋所有权证、土地使用证、不动产权证、他项权证和登记证明；根据房屋、土地登记资料查询的规定，查询不动产登记资料。

第二科目 房地产经纪操作实务

考试目的

测查应试人员熟悉房地产经纪业务流程、搜集房地产交易信息、签订房地产经纪服务合同、实地查看房屋、代拟房地产交易合同、结算房地产交易资金、交验房屋、代办房地产交易中的抵押贷款和转移登记,以及熟悉房地产经纪服务礼仪的能力。

考试内容

一、房地产经纪业务类型及流程

1. 依据不同分类方式对房地产经纪业务进行分类,熟悉现阶段我国房地产经纪业务的主要类型及服务内容。
2. 掌握存量房买卖居间业务、存量房租赁居间业务、新建商品房销售代理业务的基本流程及各阶段的主要服务内容。

二、房地产交易信息搜集、管理与利用

1. 依法运用不同方式、方法,多渠道搜寻房源信息(拟出售或者出租房屋的基本状况、权利人及其联系方式、

报价等),并对其进行整理、共享、更新;熟练使用记录房源信息的常用表格;按照房地产广告发布的规定和房地产经纪服务合同约定或者经委托人书面同意,依法通过经营场所、网站、报纸等不同渠道发布房源信息。

2. 依法运用不同方式、方法,多渠道搜寻客源信息(意向购买或者租赁房屋的用途、区位、价位、户型、面积、建成年份或者新旧程度等,客户及其联系方式,资金预算等),并对其进行整理、分类和共享;熟练使用记录客源信息的常用表格。

3. 依法运用不同方式、方法,多渠道搜寻房地产价格信息(房地产买卖价格、租赁价格等),并对其进行整理、分析和利用;熟练使用记录房地产价格信息的常用表格。

三、房地产经纪服务合同签订

1. 根据房地产经纪业务类型,选择相应的房地产经纪服务合同(房屋出售经纪服务合同、房屋出租经纪服务合同、房屋购买经纪服务合同、房屋承租经纪服务合同等);向委托人说明房地产经纪服务合同的相关内容。

2. 掌握房地产经纪服务合同的签订流程,包括需要书面告知的事项,查看委托人的身份证明、委托出售或者出租房屋的权属证明和房屋所有权人的身份证明等有关资料,洽谈服务项目、服务内容、服务完成标准、服务收费标准及支付时间等。

3. 按照房地产经纪服务合同的填写要求与签署要求(签名、盖章等),与委托人签订房地产经纪服务合同,避免合同签订中的常见错误,预防房地产经纪业务纠纷。

四、房屋实地查看

1. 实地查看拟出售或者出租房屋（简称实地看房）的区位状况、实物状况、物业管理状况等；熟练使用实地看房的常用工具和表格、表单等。

2. 根据实地看房情况、委托人提供及在登记部门核实的房地产权益状况信息，编制房屋状况说明书，并交委托人确认或者认可。

3. 制定带领客户实地看房的方案，包括看房时间、路线和顺序等；按照预定方案带领客户实地看房，向客户介绍房屋状况，回答客户在看房过程中提出的问题；根据房屋实际状况，核对房屋状况说明书。

五、房地产交易合同代拟

1. 向当事人说明存量房买卖合同的主要内容，协助买卖当事人洽谈、签订存量房买卖合同，向当事人提醒有关合同风险及注意事项。

2. 向买受人说明新建商品房买卖合同的主要内容，协助买卖当事人洽谈、签订商品房买卖合同，向买受人提醒有关合同风险及注意事项。

3. 向当事人说明房屋租赁合同的主要内容，协助租赁当事人洽谈、签订房屋租赁合同，向当事人提醒有关合同风险及注意事项。

4. 根据房地产交易合同网上签约和备案的相关规定，协助当事人办理存量房买卖合同、新建商品房买卖合同和房屋租赁合同的网上签约和备案手续。

六、房地产交易资金结算

1. 向委托人或者交易当事人说明房地产买卖、租赁涉及钱款的种类（价款、定金、押金等）、性质及有关规定；根据不同付款方式（自有资金支付与贷款支付、一次性付款与分期付款、现金支付与转账支付等）的特点及交易当事人情况，提供付款方式咨询和建议。

2. 向委托人或者交易当事人说明交易资金交割方式，包括交易当事人自行交割和通过第三方（房地产经纪机构、交易保证机构、政府部门或者有关单位等）在银行开立的客户交易结算资金专用存款账户划转。根据不同交易资金交割方式的特点，提供交易资金交割方式咨询和建议。

3. 对买卖双方自行交割交易资金进行指导及风险提示；根据存量房交易资金监管的规定，按照交易资金存储和划转程序，协助交易当事人结算交易资金。

七、房屋交验与经纪延伸服务

1. 根据存量房查验和交接的操作要点及注意事项，按照存量房买卖合同或者房屋租赁合同约定，核对、查验房屋状况；协助当事人办理房屋及附属家具、家电等交接和签收手续。

2. 根据存量房使用环节的费用种类（水费、电费、燃气费、供暖费、电话费、有线电视费、网络费、物业服务费、专项维修资金等）、交纳主体、收取标准和房地产交易合同约定，协助当事人计算和结清房屋使用环节的费用。

3. 根据相关规定和要求，全程做好房地产经纪业务记录，依法妥善保存房地产经纪服务合同、房地产交易合同、房屋状况说明书、业务交接单据、原始凭证等与房地产经纪业务有关的资料。

4. 告知个人住房贷款代办服务的内容和收费标准，签订房地产贷款代办服务合同；按照合同约定和相关规定，为委托人提供房地产贷款代办服务（拟定可供选择的贷款方案、协助委托人准备贷款申请材料、协助办理贷款申请手续等）。

5. 告知不动产登记代办服务的内容和收费标准，签订不动产登记代办服务合同；按照合同约定和相关规定，为委托人提供不动产登记代办服务（协助委托人准备房地产登记申请材料、协助办理不动产登记手续、协助查询办理进度、代缴房地产交易税费和登记费等）；熟练使用不动产登记代办业务中常用的合同、申请书、表格和表单等业务文书。

八、房地产经纪服务礼仪

1. 根据房地产经纪服务的特点，进行房地产经纪人员形象定位。能够按照仪容、仪表、仪态、表情等方面的职业形象礼仪规范，塑造良好的房地产经纪人员专业化职业形象，并能够避免常见问题。

2. 房地产经纪服务过程中，在客户接待、带客看房、送别客户等环节按照岗位礼仪规范的要求，开展相应工作，并能够避免常见问题。

3. 房地产经纪服务过程中，注重倾听、面谈、电话等沟通的相关礼仪规范，营造良好的沟通氛围，精准获取对客户的需求信息。

考试使用的题型

单项选择题（共 80 题，每题 1 分。每题的备选答案中只有 1 个最符合题意，多选、错选、不选均不得分。请使用计算机鼠标在计算机答题界面上点击试题答案备选项前的按钮"○"作答）

房地产经纪人在受托权限内，以委托人名义与第三人进行交易，并由委托人直接承担相应的法律责任的经纪行为，属于（　　）。

A. 房地产居间　　　　　　B. 房地产代理
C. 房地产行纪　　　　　　D. 房地产策划
参考答案：B

多项选择题（共 20 题，每题 2 分。每题的备选答案中有 2 个或 2 个以上符合题意，错选不得分；少选且选择正确的，每个选项得 0.5 分。请使用计算机鼠标在计算机答题界面上点击试题答案备选项前的按钮"□"作答）

房地产中介服务包括（　　）。

A. 房地产咨询　　　　　　B. 物业管理
C. 房地产经纪　　　　　　D. 房地产估价
E. 房地产投资开发
参考答案：A、C、D